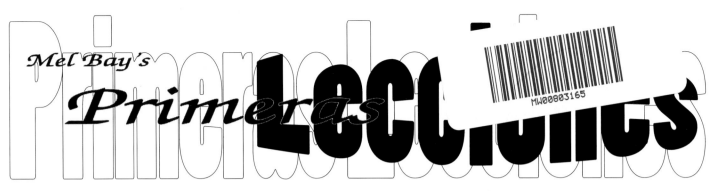

Mel Bay's Primeras Lecciones

Guitarra para Principiantes
Aprender Notas/Tocando Solos

por William Bay

MW00803165

CONTENIDO del CD

Los solos en este libro (comenzando en la pág. 14) fueron grabados en pistas divididas. La parte del solo (su parte) está en el canal derecho, y el acompañamiento, en el canal izquierdo. Para tocar solo con el acompañamiento, inclina el balance totalmente hacia la izquierda.

No podra ser mas fácil...

1 2 3 4 5 6 7 8 9 0

Visítenos en internet en www.melbay.com — Envíenos un E-mail a email@melbay.com

Para sostener la guitarra

Coloque la guitarra de manera que le sea cómoda. La mano derecha debe descansar sobre la boca de la guitarra. La mano izquierda debe ser capaz de alcanzar el primer traste.

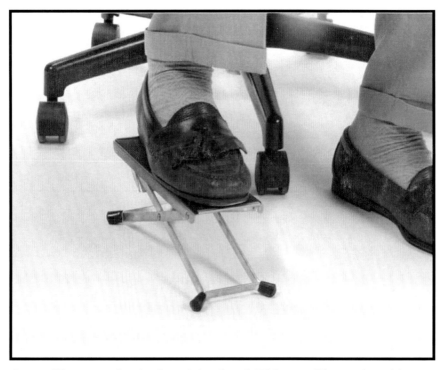

Puede comprar un banquillo en su tienda de música local. El banquillo es ajustable y puede ayudar a que nos coloquemos a una altura cómoda.

Colocar la mano izquierda sobre la guitarra

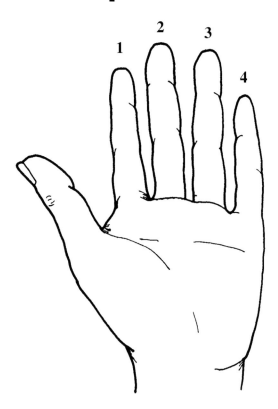

Posición de la mano izquierda

Coloque firmemente los dedos sobre las cuerdas, directamente detrás de los trastes. El pulgar debe colocarse en el centro de la parte anterior del brazo. No enrolle el pulgar alrededor del brazo.

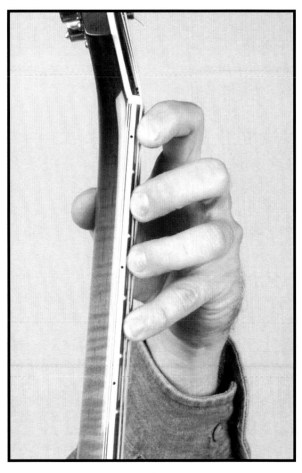

Sostener la Púa

Púas

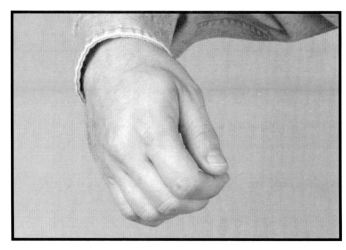

Los dedos de la mano izquierda es–tán doblados.

La púa descansa de manera cómoda en el dedo
índice con la "punta" hacia fuera del pulgar.

El pulgar descansa sobre la púa
para mantenerla en su lugar.

⊓ = Ataque de púa descendente.

Partes de la Guitarra

Solid Body Electric Guitar   **Acoustic Steel String Guitar**

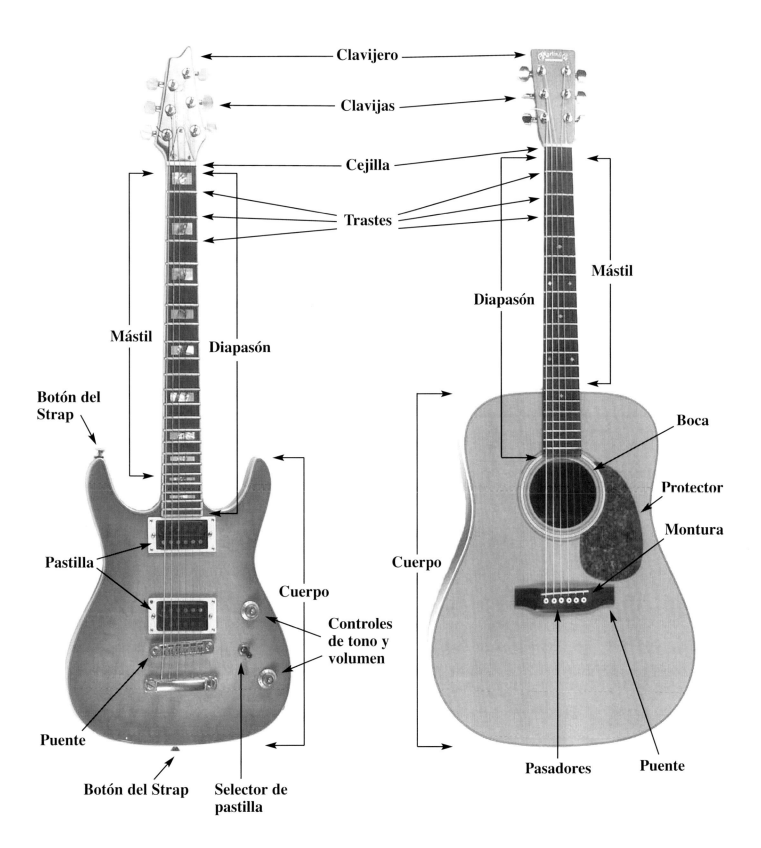

Clavijero

Clavijas

Cejilla

Trastes

Mástil

Diapasón

Botón del Strap

Pastilla

Cuerpo

Controles de tono y volumen

Puente

Botón del Strap

Selector de pastilla

Mástil

Diapasón

Cuerpo

Boca

Protector

Montura

Pasadores

Puente

Para afinar la Guitarra

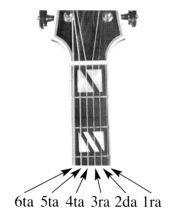

6ta 5ta 4ta 3ra 2da 1ra

 Escucha la pista #2 de tu CD y afina como se indica abajo:

Primera cuerda – E	**Segunda cuerda – B**	**Tercera cuerda – G**

Cuarta cuerda – D	**Quintana cuerda – A**	**Sexta cuerda – E**

Afinadores de guitarra electrónicos

Los afinadores de guitarra electrónicos están disponibles en su tienda de música local. Son muy útiles y altamente recomendables.

Contando

Usaremos el siguiente tipo de **compases**.

$\frac{4}{4}$ or **C**   **Cuenta:** ‖ 1 — 2 — 3 — 4 ‖ **or** ‖ 1 and 2 and 3 and 4 and ‖

$\frac{3}{4}$ **Cuenta:** ‖ 1 — 2 — 3 ‖ **or** ‖ 1 and 2 and 3 and ‖

Tipo de Notas

Redonda   𝅝   **Cuenta:**
1 — 2 — 3 — 4

Blanca   𝅗𝅥 o ♩   **Cuenta:**
1 — 2   3 — 4

Blanca    **Cuenta:**
1 — 2 — 3 — 4

Notas en la cuerda E aguda

Primera cuerda

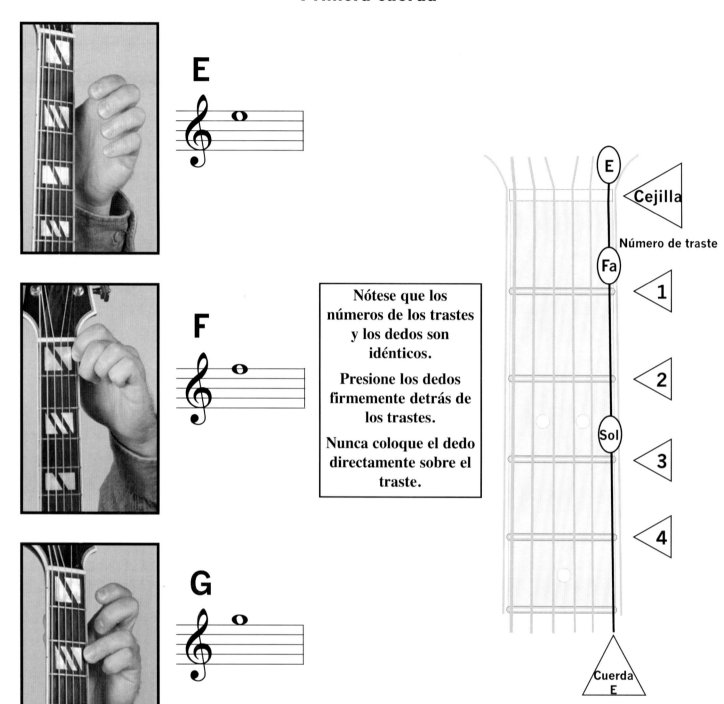

E

F

G

Nótese que los números de los trastes y los dedos son idénticos.

Presione los dedos firmemente detrás de los trastes.

Nunca coloque el dedo directamente sobre el traste.

Cejilla

Número de traste

Fa

Sol

1

2

3

4

Cuerda E

Para tocar las Notas

E TRACK disc 3

Cuenta: 1 - 2 - 3 - 4

F TRACK disc 4

Cuenta: 1 - 2 - 3 - 4

G TRACK disc 5

Cuenta: 1 - 2 - 3 - 4

E-F TRACK disc 6

Cuenta: 1 - 2   3 - 4

F-G TRACK disc 7

Cuenta: 1 - 2   3 - 4

E-G TRACK disc 8

Cuenta: 1 - 2   3 - 4

E-F-G TRACK disc 9

Cuenta: 1 - 2 - 3 - 4

E-F-G/2 veces cada nota TRACK disc 10

Cuenta: 1 - 2 - 3 - 4

Notas en la cuerda B

Segunda cuerda

B

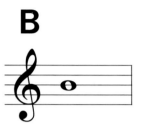

C

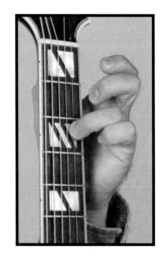

D

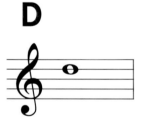

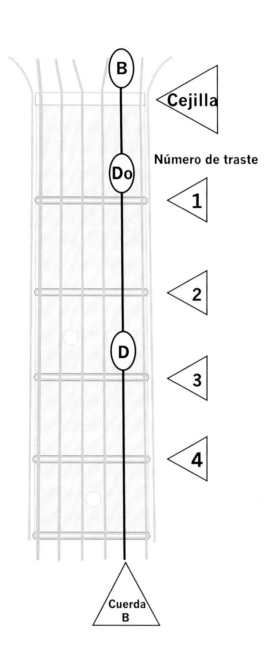

Para tocar las Notas

11

Para Tocar Sobre Dos Cuerdas

Compás de 3/4

Notas en la cuerda G

Tercera cuerda

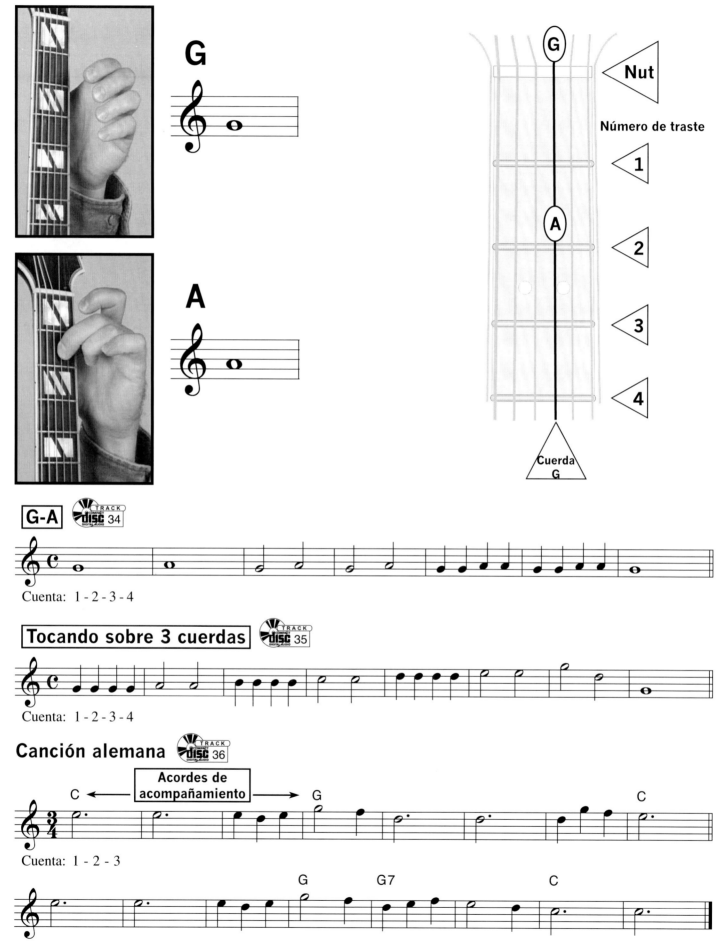

G

A

G

Nut

Número de traste

1

A

2

3

4

Cuerda G

G-A TRACK disc 34

Cuenta: 1 - 2 - 3 - 4

Tocando sobre 3 cuerdas TRACK disc 35

Cuenta: 1 - 2 - 3 - 4

Canción alemana TRACK disc 36

Acordes de acompañamiento

C ← → G C

Cuenta: 1 - 2 - 3

G G7 C

Rock Feeling

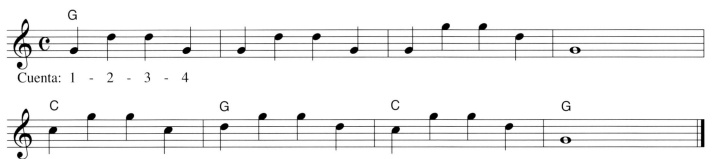

Cuenta: 1 - 2 - 3 - 4

Oración India

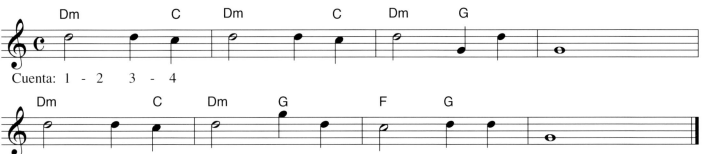

Cuenta: 1 - 2 3 - 4

Good King Wenceslas

Cuenta: 1 - 2 - 3 - 4

Himno Africano

Cuenta: 1 - 2 3 - 4

15

Silencios

Cuando ocurre un silencio, contamos pero no tocamos

Estudio de silencios TRACK CD 41

Cuenta: 1 - 2 - 3 - 4   1 - 2 - 3 - 4   1 - 2 - 3 - 4   1 - 2 - 3 - 4   1 - 2 - 3 - 4   1 - 2 - 3 - 4   1 - 2 - 3 - 4

I Know Where I'm Going TRACK CD 42

Cuenta: 1 - 2 - 3 - 4   1 - 2 - 3 - 4

La corchea

Una corchea dura la mitad de un tiempo (una negra es el equivalente a dos corcheas.) Una corchea tendrá una cabeza, una línea, y una plica. Si hay más de dos en forma consecutiva, éstas se conectan con una barra. (Observe el ejemplo.)

Corcheas   **Silencios de corchea**

TRACK CD 43

Cuenta: 1 - 2 - 3 - 4   1 - 2   3 - 4   1 - 2 - 3 - 4   1 - 2 - 3 - 4 -   1 - 2 - 3 - 4

Cuenta: 1 - 2   3 - 4 -

Cuenta: 1 - 2 - 3 - 4 -

Cuenta: 1 - 2 - 3 - 4

16

La Ligadura

Una ligadura es una línea curva que une dos o más notas del mismo timbre. Cuando vea una ligadura, ataque sólo la primera nota.

Notas en la cuerda D

Cuarta cuerda

D

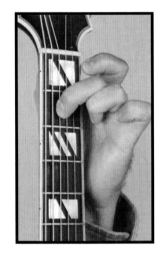

E

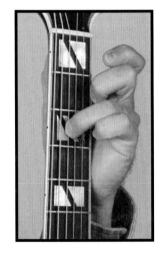

F

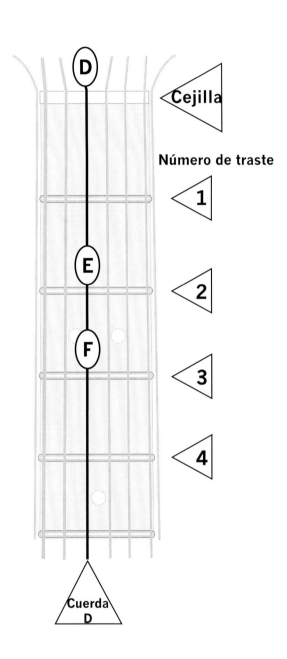

Notas de la cuerda D

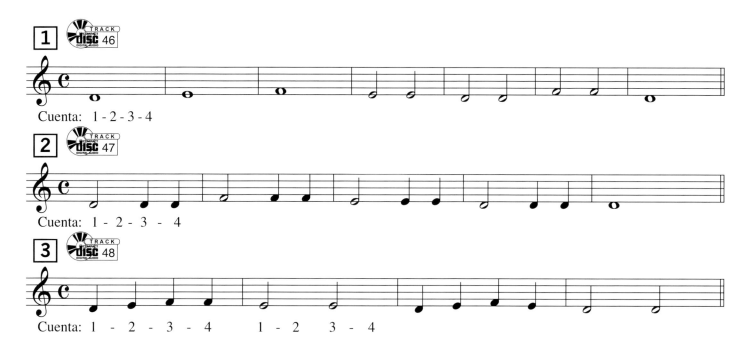

1 TRACK disc 46

Cuenta: 1 - 2 - 3 - 4

2 TRACK disc 47

Cuenta: 1 - 2 - 3 - 4

3 TRACK disc 48

Cuenta: 1 - 2 - 3 - 4   1 - 2   3 - 4

Canciones para el punteo alternado

Down Shift TRACK disc 49

What's Up? TRACK disc 50

Nascar TRACK disc 51

19

Anacrusa

Algunas canciones comienzan con un compás de menos de 4 tiempos. A estas notas iniciales se les llama *Anacrusa*.

Taps

Cuenta: 4 y 1 - 2 - 3 4 y

Reville

Cuenta: 4 1 - 2 y 3 - 4

Lonesome Valley

Cuenta: 3 4 1 - 2 - 3 - 4 1 - 2 - 3 - 4

Negras con puntillo

Un puntillo después de una nota incrementa su valor en la mitad.

1/4 + 1/8   1/4 + 1/8

Negra Con Puntillo   Equivale a   Ligadura   Tres corcheas

La manera de contar una negra con puntillo es la siguiente:

Cuenta: 1   2 y 3   4 y   1   2 y 3   4 y   1   2 y 3   4 y   1   2 y 3   4 y

Our Boys Will Shine Tonight TRACK DISC 55

Cuenta: 1   2 - 3   4

The Roving Gambler TRACK DISC 56

Cuenta: 4   1 - 2 y 3   4

Más Solos

Come and Go with Me

Salty Dog Blues

Steak Away

Notas en la cuerda A

Quinta cuerda

A

B

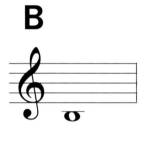

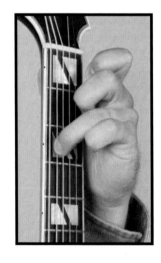

C

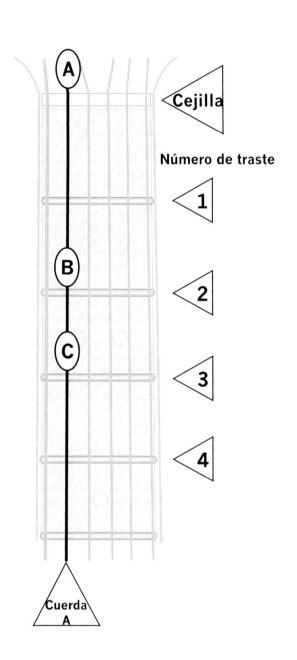

Notas de la cuerda E grave

Sexta cuerda

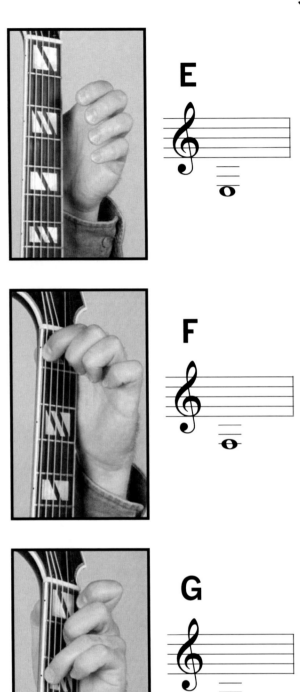

E

F

G

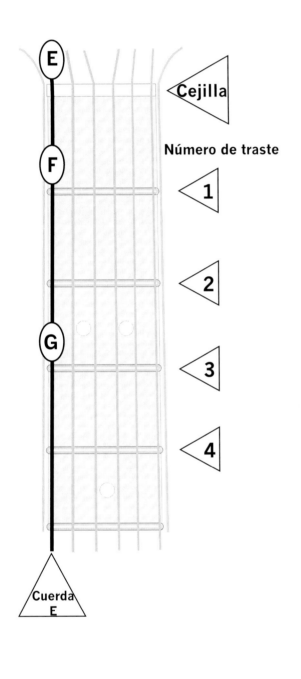

F♯

El signo de sostenido (♯) sube la nota un traste. Un *becuadro* (♮) regresa la nota a su timbre original.

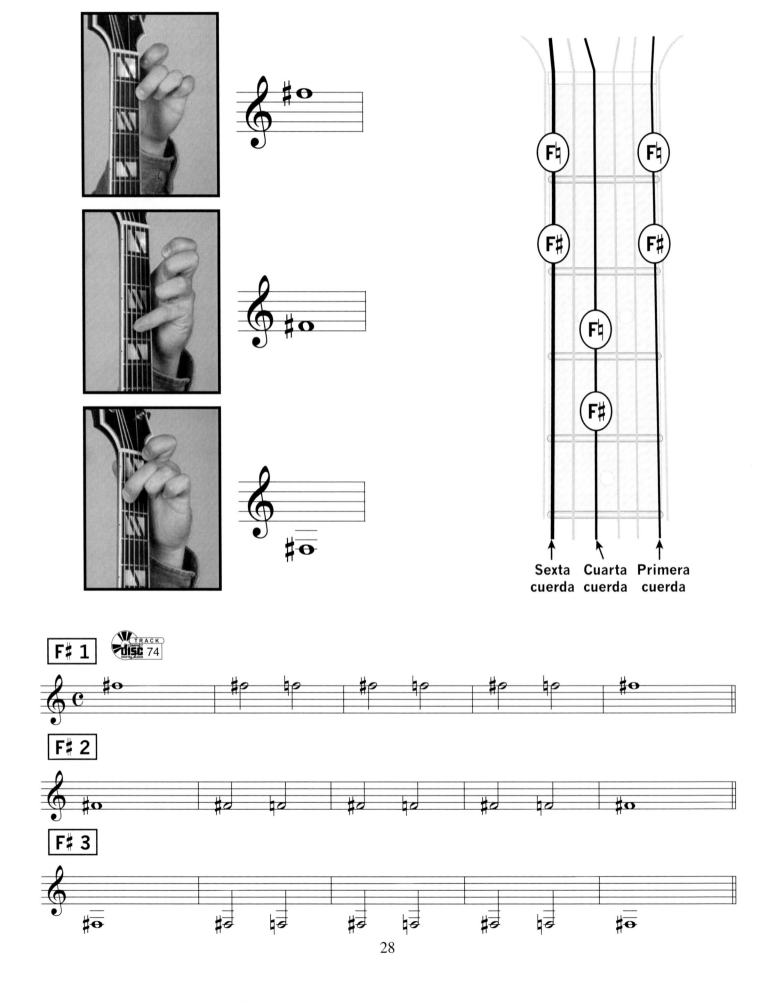

Sexta cuerda Cuarta cuerda Primera cuerda

F♯ 1

F♯ 2

F♯ 3

Armaduras

Cuando aparece un sostenido en la armadura, todas las notas con ese símbolo serán medio tono más agudas (medio traste), al menos que el sostenido sea cancelado por un símbolo de becuadro (♮).

Silencio de Corchea (⸓)

Recibe el mismo valor que una corchea.

Más Solos

Recuerda : si hay un F# en la armadura, todas las notas *F* serán sostenidas al menos que veamos un símbolo de becuadro (♮) enfrente de *Fa*.

30

Para presentar la nota La

B(♭)

Un ***bemol*** (♭) enfrente de una nota la disminuye en un traste. A bemol es cancelado por un ***becuadro*** (♮). A bemol en la llave de la armadura, significa que todas las notas de ese timbre serán bemoles, al menos que sean canceladas por un becuadro.

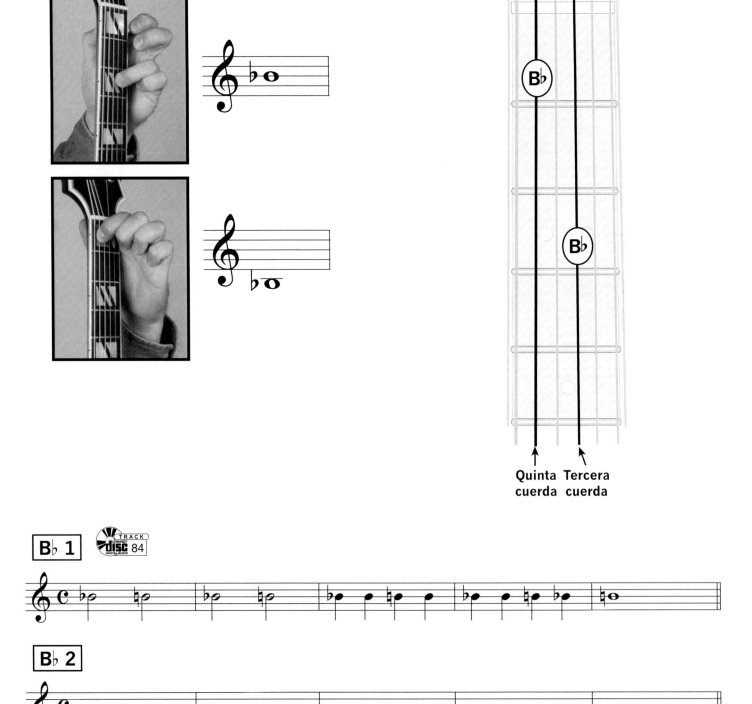

Barras de Repetición

Means to go back and repeat the phrase. $\lVert$: :$\rVert$

Forest Green

Red Wing

Once in David's Royal City

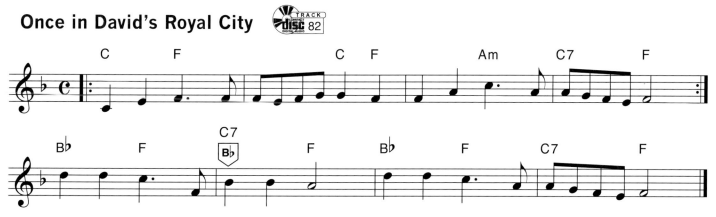

Más solos

Fíjate en la armadura para los B(♭)

34

Términos musicales

Conceptos de tempo

Largo	muy lento
Lento	lento
Adagio	lento y majestuoso
Andante	al paso, tranquilo, no muy rápido
Moderato	de velocidad moderada
Allegretto	un poco mas animado que Moderato.
Allegro	veloz y animado, pero no muy rápido o "fuera de control".
Vivace	muy rápido
Rit. "Ritardano"	disminuye la velocidad de forma gradual.
Acc. "Accelerando"	aumenta la velocidad de manera gradual

Dinámicas

pp	(pianissimo)	Muy suave
p	(piano)	Suave
mp	(mezzo piano)	Muy suave
mf	(mezzo forte)	Un tanto fuerte
f	(forte)	Fuerte
ff	(fortissimo)	Muy fuerte
	(crescendo)	Aumenta gradualmente el volumen
	(decrescendo)	Disminuye gradualmente el volumen
>	(acento)	La nota debe tocarse más fuerte que las demás

Términos de fraseo

8va	Ejecutar este pasaje 8 notas o una octava arriba.
Staccato	Toque las notas marcadas de una manera acortada.
Legato	Toque las notas marcadas conectándolas de una manera gentil y conectada. Casi como si las notas estuvieran ligadas.
Rubatto	Muy expresivo, sin *tempo* fijo; se puede alargar o acortar la duración de las notas para añadir mas sentimiento.
Ad libitum	Tocar a placer, de una forma totalmente libre; improvisar o crear una melodía si alguna sección en la pieza así lo indica.

Como encordar una Guitarra

Asegúrese de aflojar las cuerdas viejas antes de cortarlas y removerlas de la guitarra.

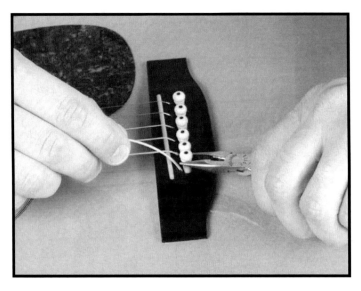

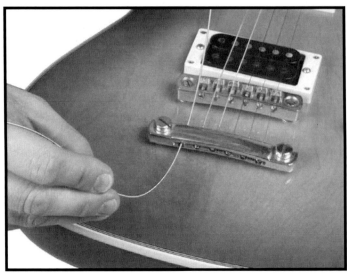

① Coloque el extremo aprisionado (la bolita) en la cuerda en el agujero del puente y reemplace el broche del puente.

① En una guitarra eléctrica, deslice la cuerda por el agujero apropiado del puente.

② Inserte la cuerda por el agujero correcto en el clavijero.

③ Doble el exceso de cuerda hacia el medio del diapasón de la guitarra y enrosque.

④ Hale de nuevo el sobrante de la cuerda hacia arriba, para que al momento de afinar la cuerda con las clavijas, la cuerda apretada "bloquee" el exceso de cuerda en su lugar.

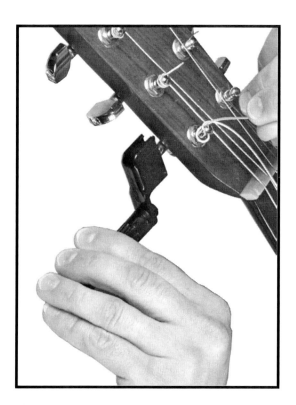

⑤ Apriete la cuerda hasta que quede afinada. Usted puede adquirir un string winder (ver imagen) en su tienda de música local.

⑥ Corte el exceso de cuerda.

⑦ Doble el resto para quitarlo del camino.

Para más detalles acerca de cómo encordar todo tipo de guitarras, consulte Mel Bay's *Stringing the Guitar Chart* (MB99617).

Tipos de Guitarra

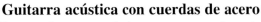

Guitarra acústica con cuerdas de acero

Las guitarras acústicas con cuerdas de acero vienen en una variedad de formas y tamaños. Tienen una boca redonda y ofrecen un sonido claro y resonante. Mientras más largo sea el cuerpo, más profundo y rico será el sonido. Algunas vienen en estilo cut away (corte cerca del mástil) para facilitar la digitación de los dedos en posiciones más altas. Usualmente usan cuerdas de bronce. Muchas tienen una pastilla eléctrica y pueden ser amplificadas.

Guitarra clásica

Fabricada con maderas ligeras, receptivas y encordadas con cuerdas de nylon. Da un tono suave y rico. No proyecta el mismo volumen que una guitarra con cuerdas de acero. Algunas guitarras clásicas vienen con una pastilla integrada y se pueden amplificar. Normalmente se usan para ejecutar repertorio clásico.

Guitarra eléctrica de cuerpo solido

Necesita un amplificador para ganar volumen. Usa cuerdas de metal y se usa en estilos como el rock y el blues. Fácil de digitar, se puede tocar en posiciones muy altas. Usualmente son muy durables porque el cuerpo está hecho de una pieza de madera sólida y el sonido generado es por pastillas electrónicas.

Guitarra eléctrica de cuerpo hueco

Normalmente usan cuerdas de metal y el cuerpo es bastante delgado. Tiene un sonido eléctrico un poco más suave que el de una guitarra eléctrica de cuerpo sólido. Se usa para el blues y el jazz. Puede usar cuerdas de nylon (como la de la imagen). Da un sonido acústico bueno, pero en habitaciones grandes necesita ser amplificada.

Guitarra eléctrica de tapa arqueada

Es el modelo utilizado en el jazz. Pueden ser muy costosas si son hechas a mano, pero hay modelos más accesibles fabricados con madera laminada. Suena bien con o sin amplificación. Utiliza cuerdas de metal. Por lo regular este tipo de guitarra se toca con cuerdas lisas o pulidas.

Guitarra de 12 cuerdas

Una acústica de acero con 12 cuerdas. Da un sonido rico, como el de un arpa y puede ser difícil de digitar debido al duplicado de las cuerdas. Para una guitarra de 12 cuerdas, normalmente se utilizan cuerdas de bronce. No es recomendable para el guitarrista principiante.

Preguntas Frecuentes

1. **Dónde puedo buscar una buena guitarra? (Amigos, online, casa de empeño, etcéte-ra.)**
R. Vaya a una tienda de música que tenga una amplia variedad de guitarras y donde pueda usted rentar una buena guitarra para principiantes. Pregunte si reparan allí las guitarras que venden.

2. **Debo comprar o rentar una guitarra?**
R. Al inicio lo mejor será rentar una guitarra, suponiendo que los pagos de la renta se usarán para la compra de la misma.

3. **Qué tipo de guitarra debo usar para comenzar?**
R. Nuestro consejo es empezar con una acústica, no una eléctrica. Se lo decimos porque, cuando se empieza, es necesario desarrollar un buen tono y una buena técnica de mano izquierda. Una eléctrica no le dará la flexibilidad para desarrollar un buen tono acústico. Además, la acción en algunas guitarras eléctricas es tan baja, que la digitación se da sin ningún esfuerzo. (Por ejemplo, qué bien le haría a usted hacer una lagartija si sólo tuviera que levantarse hasta la mitad?)

4. **Comienzo con cuerdas de nylon o de metal?**
R. Ambas funcionan; sin embargo, preferimos el nylon para niños pequeños dado que la guitarra es pequeña y del tamaño adecuado. Las cuerdas de nylon son más delicadas para los dedos de los principiantes. Se sentirá menos ardor en los dedos en las primeras semanas. Si decide usar cuerdas de metal, asegúrese de que éstas sean de calibre ligero o extra ligero: son más fáciles de presionar.

5. **De qué tamaño debe ser la guitarra?**
R. Como regla general, la guitarra debe ser lo suficientemente pequeña como para alcanzar el primer traste con la mano izquierda y fácilmente poder tocar todas las cuerdas con la mano derecha. El tamaño es muy importante. Nunca empiece con una guitarra muy grande. Buenos modelos de guitarras de 3/4 y 1/2 se encuentran ahora disponibles para niños y adultos. Al empezar, tenga en mente estos modelos.

6. **A qué edad puede uno comenzar a aprender guitarra?**
R. Esto está cambiando debido a que se están fabricando guitarras pequeñas de muy buena calidad para los principiantes jóvenes, y hay métodos escritos que van dirigidos a niños pequeños. Como regla general, yo diría que 5 años es una edad apropiada para comenzar a aprender guitarra (pero hay algunos estudiantes que son muy buenos a los 4!)

7. **Qué pasa si soy zurdo?**
R. Al estudiante zurdo generalmente le aconsejamos tocar la guitarra justo como lo haría un estudiante diestro. El estudiante zurdo digitará la guitarra con su mano más ágil. Hay guitarristas que usan las cuerdas "invertidas", y tenemos libros para el estudiante zurdo que quiere digitar con la mano derecha y rasguear con la izquierda.

8. **Debo empezar con la púa o mis dedos?**
R. Nosotros recomendamos comenzar a rasguear acordes con el pulgar de la mano derecha. Después, avanzar hacia el uso de la púa, a menos que quiera tocar guitarra clásica o con los dedos.

9. **Qué pasa si siento adoloridos los dedos?**
R. Es bastante normal que las yemas de los dedos de la mano izquierda (o la que digita) se encuentre sensible y adolorida al principio. Se formarán callos después de unas semanas. Asegúrese de usar cuerdas de calibre ligero o extra ligero. Si usa usted cuerdas de nylon y siente dolor constante, pruebe a usar cuerdas de menor tensión. Por último, asegúrese de que las cuerdas no estén muy levantadas del diapasón a la cejilla. Puede verificarlo en cualquier tienda de música de su localidad. Esto se puede arreglar fácilmente nivelando las cuerdas con la cejilla. Este ajuste es común para muchas guitarras. Asegúrese de que la tienda de música haga esto por usted.

10. **Debería usar una correa (strap) a la hora de tocar?**
R. La correa se usa cuando se toca de pie. No aprenda a tocar la guitarra parado. Practique sentado en la postura que se muestra en el libro.

11. **Qué tan seguido debo cambiar las cuerdas?**
R. Las cuerdas deben ser reemplazadas cuando comiencen a sonar apagadas, sin brillo, o cuando se sientan ásperas en los dedos. Para un principiante, no deberá pasar de una vez cada tres o cuatro meses.

12. **Algo más que deba saber sobre mi guitarra?**
R. La guitarra es un instrumento maravilloso y puede proveer mucha diversión y calidad a su vida. Lo guiará a través de muchos estilos y áreas de la música si se estudia ar-duamente. Cuide su instrumento. No lo deje al sol o dentro del auto a temperaturas muy altas o bajas. Evite colocarlo en lugares de donde pueda caerse.

13. **Cuánto tiempo debo practicar?**
R. La calidad es mejor que la cantidad de práctica, especialmente al inicio. Planee el tener varios segmentos de 15 y 20 minutos al día, y trabaje desde ahí. Nunca practique si está cansado y no pueda por tanto concentrarse en lo que está haciendo.

Glosario de Términos Guitarrísticos

Acción – Término que se refiere a la altura de las cuerdas por sobre los trastes y el diapasón.

Afinaciones alteradas y abiertas – Es el resultado de afinar una o más cuerdas de manera distinta a Mi, La, Re, Sol, Si, Mi.

Arpegio – Acorde con las notas ejecutadas en una sucesión rápida de grave a aguda y de vuelta.

Arreglo – Adaptación de una pieza original para un instrumento solista o un grupo de instrumentos.

Acordes de barra - Del término francés barre. Técnica de colocar el dedo índice sobre dos o seis cuerdas en la digitación de un acorde (cejilla). La gran ventaja de usar acordes de barra es que son formas fáciles de mover y se pueden aplicar prácticamente en cualquier traste.

Acorde – Tres o más notas tocadas de manera simultánea.

Acorde cerrado – Orden vertical de las notas en un acorde dado. En un acorde cerrado, se colocan las notas lo más junto posible, sin importar la inversión, a diferencia de los "acordes abiertos" que separan las notas fundamentales del acorde en intervalos más largos. Afinación en Re caído - Se trata de bajar la sexta cuerda (Re) en un tono, una octava menos que la cuarta cuerda.

Armónicos – Sonido medio acampanado que se producen de dos formas:

1) *Armónicos naturales* – Al tocar la cuerda a cualquier altura equidistante (típicamente un quinto, séptimo, duodéci-mo traste), directamente sobre el traste con la mano izquierda, y atacando fuerte con la púa o dedos donde existe más resistencia en la cuerda.

2) *Armónicos artificiales* – tocar la cuerda con el dedo índice de la mano derecha 12 trastes más arribas del traste que se está pisando y atacando la cuerda con el pulgar o el tercer dedo de la mano derecha.

Acordes abiertos – Manera de construir un acorde en el que las notas miembros, están ampliamente separados. Véase acordes cerrados arriba.

Acordes de poder – Acorde constituido por el primer (raíz), quinto (quinta) y octavo grado (octava) de la escala. Comúnmente usados en la música rock y también conocidos como acordes de quinta.

Afinación estándar – Afinación tradicional de la guitarra, Mi, La, Re, Sol, Si y Mi de grave a aguda.

Afinador – Dispositivo de afinación electrónico.

Banquillo – Banquillo pequeño y ajustable, usado para aumentar la altura de la guitarra.

Capotraste – Barra mecánica que se une al brazo de la guitarra presionando la cuerda. El capo se usa para subir la tonalidad de una pieza y hacerle así la tarea más fácil al vocalista, también para disminuir la acción del brazo y dis-minuir el largo de las cuerdas.

Calibración – Ajuste de la acción del brazo de la guitarra para poder utilizarla en condiciones óptimas.

Corte (cutaway) – Área cóncava, generalmente en la parte superior del cuerpo de la guitarra, que le permite al guita-rrista acceder con mayor facilidad a trastes más altos.

Coro (de una canción) – En sentido estricto, la porción de la canción, letra o melodía que se repite, a menudo se le suman voces. Sin embargo, en el jazz, "tocar el coro" significa tomar turnos para improvisar sobre los acordes de la canción.

Escala pentatónica – Escala de cinco notas usada frecuentemente en el rock.

Guitarra de 3/4 – Guitarra más pequeña de lo normal con cuerdas más cortas y con menos espacio entre trastes.

Guitarra líder – Parte que toca el guitarrista solista en una banda de rock.

Guitarra rítmica – Guitarrista que se encarga del rasgueo rítmico para apoyar al guitarrista principal, cantante o ensamble.

Intervalos – Distancia entre dos notas.

Inversión – Estructurar un acorde con otra nota en el bajo, además del fundamental.

Levantamientos – Acción de levantar o jalar una cuerda a través de los trastes para aumentar el timbre de una nota por medio tono o un tono. Usado en el rock y el blues.

Ligado ascendente (hammer-on) – Nota que suena literalmente al "martillar" la cuerda con algún dedo de la mano izquierda, usualmente se hace después de atacar una cuerda con la mano derecha en la misma cuerda.

Modulación – Cambio de tonalidad dentro de una pieza.

Pelectrum – Otra manera de referirse a una púa.

p i m a – Iniciales de los dedos de la mano derecha: pulgar, índice, medio y anular.

Posiciones – Colocación del dedo índice de la mano izquierda en varios trastes.

Pull off – Lo opuesto de un hammer-on. Producido al tocar una nota alta con un dedo y jalando hacia un dedo posi-cionado trastes atrás para hacer sonar una nota más baja en la cuerda. *

Punteo – En general, pulsar o producir un sonido en la guitarra, ya sea con los dedos o con la upa. Algunas veces se refiere a tocar una melodía a una sola voz.

Púa – Pieza de plástico de forma triangular o gota usada para tocar o rasguear las cuerdas. Hay una gran variedad de formas, tamaños y volúmenes.

Púa para dedos – Púa estilo banjo que los guitarristas que usan la técnica de dedos usan al tocar cuerdas de metal.

Punteo alternado – Puntear en direcciones alternas (abajo-arriba-abajo-arriba).

Slide – Objeto cilíndrico de metal o plástico que se coloca en el tercer o cuarto dedo de la mano izquierda para tocar efectos de "slide" o glissando en el rock, blues y otros estilos de música populares.

String Winder – Instrumento giratorio con una agarradera y orificio que encaja en las clavijas.

Técnica de dedos – Tocar con las uñas o yemas de las manos en lugar de usar una púa para los dedos.

Tablatura o tab – Sistema utilizado para escribir música para instrumentos con trastes, donde un número o letra aparecen sobre una línea, indicando el traste que debe tocarse.

Transcripción – Escribir un solo, nota por nota, de alguna grabación a oído.

Transponer – Cambiar la clave o tonalidad de una canción a un intervalo determinado.

Tremolo – Una técnica ejecutada al mover la púa rápidamente de arriba abajo o con los dedos p a m i atacando la cuerda.

Triada – Un acorde de tres notas.

Vibrato – Acción de vibrar la cuerda alterando el timbre de la nota, ya sea hacerla más aguda o más grave.

Voicings – Orden de las notas pertenecientes a un acorde, o la colocación de la melodía o línea de bajo dentro de una progresión armónica.